Dieses Buch gehört

Liebe Eltern,

wir wollen Ihr Kind beim Lesenlernen unterstützen, und zwar mit spannenden und lustigen Geschichten.

Unsere Bücher mit der liebenswerten Bildermaus begleiten Ihren Sohn oder Ihre Tochter durch die Vorschule. Sie enthalten kurze Geschichten mit einfachen Sätzen sowie großer und leicht lesbarer Schrift. Hauptwörter werden durch kleine Bilder ersetzt. Lesen Sie die Geschichten vor und lassen Sie Ihr Kind die Bilder selbst benennen. Am Ende finden Sie eine Bild-Wörterliste mit den einzelnen Bedeutungen. Viele bunte Illustrationen sorgen außerdem für Lesepausen und helfen, die Geschichte zu verstehen.

So wird der Spaß am Lesen geweckt, und Ihr Kind wird ganz nebenbei von der Bildermaus zum echten Leselöwen!

Ihre
Bildermaus

Amelie Benn

Geschichten vom ersten Schultag

Illustriert von Annika Sauerborn

www.bildermaus.de

ISBN 978-3-7432-0760-8
1. Auflage 2021
© 2021 Loewe Verlag GmbH, Bindlach
Umschlag- und Innenillustrationen: Annika Sauerborn
Umschlaggestaltung: Kathrin Tobian
Vignetten Bildermaus und Sticker: Angelika Stubner
Reihenlogo nach einem Entwurf von Angelika Stubner
Printed in the EU

www.loewe-verlag.de

Inhalt

In der ersten Klasse

Hanna steht vor dem  und

späht hinein. Es ist ihr erster

in der  und irgendwie traut

sie sich noch nicht hineinzugehen.

Sie sieht viele  und

an den  sitzen, kennt aber

niemanden.

Fast alle  sind belegt. Frau

Abedi, die , blickt auf und

sieht Hanna an der  stehen.

„Hallo!", begrüßt sie sie. „Komm,

ich zeige dir, wo du sitzen kannst."

Hanna holt tief 🌀.

Sie umfasst die  ihres neuen

und geht in das  . Sie folgt

der  zu einem  , an dem

ein  mit kurzen schwarzen

sitzt. Hanna setzt sich neben sie

und stellt den  ab.

„Hoffentlich ist die nett!", denkt sie.

Da ertönt plötzlich die  –

die  beginnt! Die  bittet

alle , einen  aus ihrem

zu nehmen. „Bitte schreibt auf

das  vor euch, wie ihr heißt."

Hanna zieht freudig ihr  aus

dem . Sie will ihren neuen

schwarzen  herausholen. Doch

das  ist leer! Sie hat ihre

daheim vergessen! Hanna

kommen die .

Plötzlich drückt ihr jemand einen

in die . Er ist mit funkelnden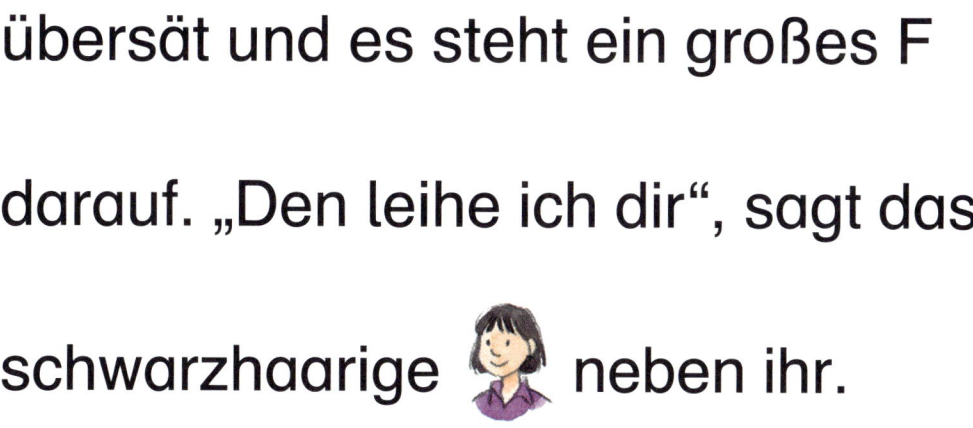

übersät und es steht ein großes F

darauf. „Den leihe ich dir", sagt das

schwarzhaarige neben ihr.

„Ich nehme meinen anderen ."

Hanna wischt sich die  weg.

„Danke! Das ist wirklich nett von

dir!", sagt sie. „Wie heißt du?"

Das  zeigt auf das F. „Felia",

antwortet sie. „Das bedeutet:

die, die anderen hilft."

Bens Einschulung

Ben liegt schlaflos im .

Morgen ist es so weit: Endlich

darf er zur  gehen! „Ob ich

wohl eine  oder einen

bekomme?", überlegt er. Da steckt

seine Mama den  zur  herein.

„Noch wach?", fragt sie.

Ben nickt. „Immer wenn ich

die  zumache, öffnen sie sich

wieder von alleine!" Seine Mama

setzt sich lächelnd zu ihm auf

das . „Ich lese dir noch

ein  vor. Vielleicht hilft das."

Sie fängt an vorzulesen und

Bens   fallen langsam zu.

Bald schläft er wie ein 🪨. Gleich

nachdem Ben am nächsten 📅

aufgestanden ist, rennt er in

die 🖼️.

„Jetzt bin ich groß, die  geht

los!", jubelt er. Neben seinem

steht der neue . Daneben

lehnt die  mit bunten

darauf. Was wohl darin ist?

Gespannt will er die öffnen.

Doch sein Vater schüttelt den .

„Nach der ", sagt er

augenzwinkernd. Dann geht

es los! Als sie auf dem

ankommen, staunt Ben: so

viele ! Da ertönt die .

Alle gehen nach drinnen. Einige

ältere  führen auf der

ein  auf. Danach stellen sich

die  vor: Die  Frau Rot

wird die  1a unterrichten.

Neben ihr steht Herr König.

Er wird der  für die   1b.

Herr König hat ein freundliches 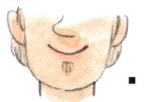.

Ben schließt kurz die  und

wünscht sich, dass Herr König

sein  wird. Nun werden

die  einzeln aufgerufen.

Sie dürfen sich zu Frau Rot oder

Herrn König stellen. Bens rast,

als er aufgerufen wird. „Ben Stiller,

1b", verkündet Herr König. Ben

strahlt bis über beide . Zuletzt

singen alle  gemeinsam.

Dann ist der erste  in der

auch schon vorbei. Stolz geht Ben

mit Mama und Papa zum  .

Im  hält er es nicht mehr aus.

Er reißt die  auf. Bunte

und  kullern heraus.

Und das  mit den ,

das er sich so gewünscht hat! „Das

werde ich morgen meinem

zeigen!", sagt er glücklich.

Schultag in der Waldschule

Im 🌲 ist heute einiges los.

Viele der 🦌🐰🐻, die rings um

den 🪵 wohnen, dürfen erstmals

zur 🏫 gehen. Die 👩,

eine 🐦 namens Frau Anna, steht

schon an der ABC und wartet

auf sie. Da kommt Milli, die 🐭.

Sie wird freundlich von der

begrüßt. Milli gibt ihr schüchtern

die 🐾 und setzt sich auf eine

der . Kurz darauf hüpft

das 🐿 Elsa vom 🌳 neben

der 🏠🌳. Flink huscht es zu Milli.

Dann trudeln auch die anderen ein:

Wadim, der , Eli, die , Don,

der   und Lukas, der . Als

alle auf den  sitzen, sagt Frau

Anna: „Willkommen in der !

Schön, dass ihr da seid!"

Sie dreht sich zur  und schreibt

mit der  ein paar A B C auf.

„Wer von euch kennt schon einen

davon?", fragt sie. Eli hebt eifrig

ihren  . „E", liest sie vor.

„E wie !"

Die  nickt anerkennend. „Und

das ist ein A." Sie zeigt auf einen

der anderen ABC. „A wie !",

ruft Lukas, der . Frau Anna

lächelt.

„Genau. Weiter geht es mit B …"

Sie hält inne. „Wo ist …?" Plötzlich

poltert ein kleiner  in die .

Er stolpert über eine  und

purzelt zwischen den

hindurch.

Schließlich landet er vor Frau

Annas 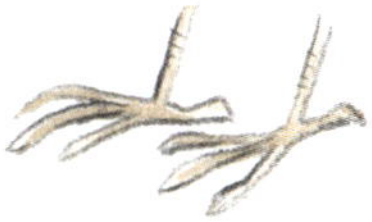  . „Hi! Ich bin Brumm!"

Frau Anna hilft ihm auf die 🐾 .

„Gut, dass du jetzt da bist. Setz

dich bitte."

Brumm steht auf und schaut sich

um. „Wohin denn?" Frau Anna

hebt einen   und zeigt auf

die ABC . „B wie ⬚ ", sagt

sie augenzwinkernd.

„Weiter hinten ist noch was frei."

Brumm grinst und setzt sich neben

Don, den  . „Und B wie !",

ruft Brumm. „Ich bin also genau

richtig gekommen!"

Sonnenblumen

Emma hält Mamas  ganz fest.

Sie stehen vor dem  mit

der blauen . Es sind noch viele

andere  da. Plötzlich entdeckt

Emma ein bekanntes . „Da

ist Max!", ruft sie. Max wohnt in

der gleichen  wie Emma.

Er wird mit ihr in die erste

gehen. Da kommt die . Sie

hat viele leuchtende  im .

„Willkommen!", sagt sie. „Bitte

stellt euch hintereinander auf."

Emma ist gespannt, aber sie will

Mamas  noch nicht loslassen.

Auf einmal biegen zwei ältere

um die . Sie tragen einen

hohen , der mit vielen 🌹🌹 🌹

geschmückt ist.

Vor dem  stellen sie ihn ab.

Die  stellt sich dahinter und

winkt die  heran. Ein

läuft freudig unter dem

hindurch und erhält von der

eine  .

Dann darf sie ins  gehen.

Einer nach dem anderen flitzt unter

dem ⌒ durch. Nur Emma traut

sich nicht. Da tippt Max ihr mit

dem 👉 auf die 👕.

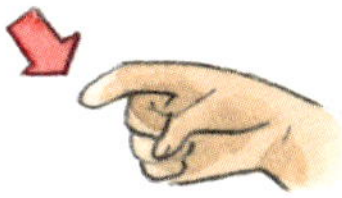

„Komm, wir gehen zusammen durch den  ", sagt er. Emma blickt ihn dankbar an. Sie lässt Mamas los und stellt sich neben Max.

Als sie unter dem  durch sind,

reicht die  jedem von ihnen

eine . Emma strahlt. „Jetzt

schaffe ich alles andere auch",

denkt sie stolz.

Die Wörter zu den Bildern:

 Klassen-zimmer

 Tür

 Tag

 Luft

 Schule

 Träger

 Jungen

 Schulranzen

 Mädchen

 Haare

 Tische

 Schulglocke

 Stühle

 Kinder

 Lehrerin

 Stift

 Mäppchen

 Buch

 Blatt

 Stein

 Tränen

 Küche

 Hand

 Schultüte

 Sterne

 Autos

 Bett

 Schulhof

 Lehrer

 Bühne

 Kopf

 Theaterstück

 Augen

  Klasse

 Lächeln

 Amsel

 Herz

 Tafel

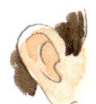 Ohren

 Maus

 Parkplatz

 Pfote

 Bonbons

 Bänke

 Drachen

 Eichhörnchen

 Wald

 Baum

 Tierkinder

 Wolf

 Baumstumpf

 Eule

 Dachs

 Gesicht

 Luchs

 Straße

 Kreide

 Sonnen-
blumen

 Buchstaben

 Arm

 Flügel

 Ecke

 Bär

 Bogen

 Wurzel

 Rosen

 Füße

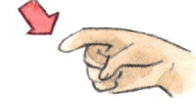 Finger

 Beine

 Schulter

Amelie Benn wurde 1974 in Süddeutschland geboren. Während ihres Studiums lebte sie zeitweise in Nepal, Israel und England. Dort besuchte sie viele magische Orte und sammelte Ideen für ihre Geschichten. Heute lebt Amelie Benn mit ihrer Familie in der Schillerstadt Marbach.

Annika Sauerborn wurde 1983 in Koblenz geboren. Seit ihrem Design-Studium an der Fachhochschule in Mainz lebt und arbeitet sie hier. Schon immer hat sie gerne gezeichnet, und so verwundert es nicht, dass das Hobby zum Beruf wurde. Mehr über die Illustratorin erfahrt ihr unter www.frauannika.de.